PAINT BY STICKER KIDS

数字に強くなる
知育シールブック

むし

著 ダニエル・ネイヤーイー
コリーン・ベナブル
フィル・コニリアーロ
タエ・ウォン・ユー
ジャスティン・クラスナー

文響社

数字に強くなる 知育シールブック むし

2024年9月10日　第1刷発行

著　者	ダニエル・ネイヤーイー、コリーン・ベナブル、フィル・コニリアーロ、 タエ・ウォン・ユー、ジャスティン・クラスナー
日本語版 ブックデザイン	小木曽杏子
編　集	森彩子
発行者	山本周嗣
発行所	株式会社文響社 ホームページ　https://bunkyosha.com お問い合わせ　info@bunkyosha.com
印　刷	三晃印刷株式会社 福島印刷工業株式会社
製　本	古宮製本株式会社

本書の全部または一部を無断で複写(コピー)することは、著作権法上の例外を除いて禁じられています。
購入者以外の第三者による本書のいかなる電子複製も一切認められておりません。定価はカバーに表示してあります。
2024©Bunkyosha　ISBN978-4-86651-823-7　　Printed in Japan

乱丁・落丁本は送料小社負担でお取り替えいたします。
この本に関するご意見・ご感想をお寄せいただく場合は、郵送またはメール(info@bunkyosha.com)にてお送りください。

First publisher in the United States as
PAINT BY STICKER KIDS: BEAUTIFUL BUGS: Create 10 Pictures One Sticker at a Time!
Copyright © 2018 by Workman Publishing Co., Inc.
Concept: Daniel Nayeri, Colleen AF Venable, Phil Conigliaro, Tae Won Yu, Justin Krasner
Art by Phil Conigliaro
This edition published by arrangement with Workman Children's, an imprint of Workman Publishing Co., Inc.,
a subsidiary of Hachette Book Group, Inc., New York, New York, USA. All rights reserved.
Japanese translation rights arranged with Workman Publishing Co., Inc., New York
through Japan UNI Agency, Inc., Tokyo

The following images were used to create the low-poly interpretations in this book:
Page 7: Praying Mantis　　　　Photo: Ziva_K/E+/Getty Images
Page 9: Ants　　　　　　　　　Photos: Eric Isselee/Shutterstock　Simon Dannhauser/Shutterstock
Page 11: Ladybug　　　　　　　Photo: Serghei Veluseac/Adobe Stock
Page 13: Assorted Beetles　　　Photos: pun483/Adobe Stock, als/Adobe Stock, panor156/Adobe Stock
Page 15: Dragonfly　　　　　　Photo: Ownza/Adobe Stock
Page 19: Weevil　　　　　　　　Photo: Marco Uliana/Adobe Stock
Page 21: Assorted Butterflies　Photo: Sailorr/Adobe Stock
Page 23: Grasshopper　　　　　Photo: Glass and Nature/Shutterstock

⚠ おうちの方へ

◆本商品の対象年齢は、4歳以上です。

◆さまざまな大きさのシールがあります。
窒息などの危険がありますので、小さな
お子様が誤って飲み込まないように、
ご注意ください。

さあ、はじめよう！

シールを はって、10まいのすてきなえを かんせいさせよう！

1 シールは ほんのうしろに ついているよ。
えを えらんだら、そのページに はるための
シールを じゅんびしよう。

> ミシンめに そって、かんたんに ほんから きりはなせるよ。

2 えのなかに、たくさん**すうじ**が かいてあるね。
**おなじすうじのシールを
みつけて、はっていこう！**

3 **すこしくらい はみだしても だいじょうぶ！
シールを ぜんぶはると、まるで まほうのように
えが うかびあがるよ！**

> かんせいしたえは へやにかざろう。

この本の楽しみ方

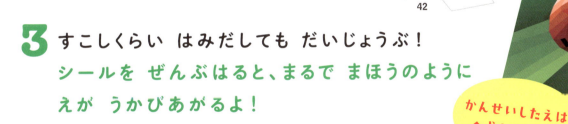

- 本文ページのどの絵にとりくむかを決めたら、巻末のシールページから対応するシールを見つけてください。（各シールページ右上に、貼る対象の絵が載っています）
- ミシン目に沿って本文ページやシールページを切り取ると、作業がしやすくなります。
- 絵にふられた数字と同じ番号が書かれたシールを枠線にあわせて貼ります。形があわなければ、シールの向きを変えてみましょう。番号順に貼らなくてもまったく問題ありません。
- 絵が完成したら、平らな場所に置いて上から紙をあて、重いもので押さえつけるとシールがしっかり貼りつきます。

1

マルハナバチ

ミツバチのなかまで、おとなしいせいかく。
はなからはなへ とび、みつをあつめて
くらしているよ。

2

カマキリ

むしのせかいの　さいきょうハンター！
おおきな「かま」で えものをつかまえ、
むしゃむしゃたべる。

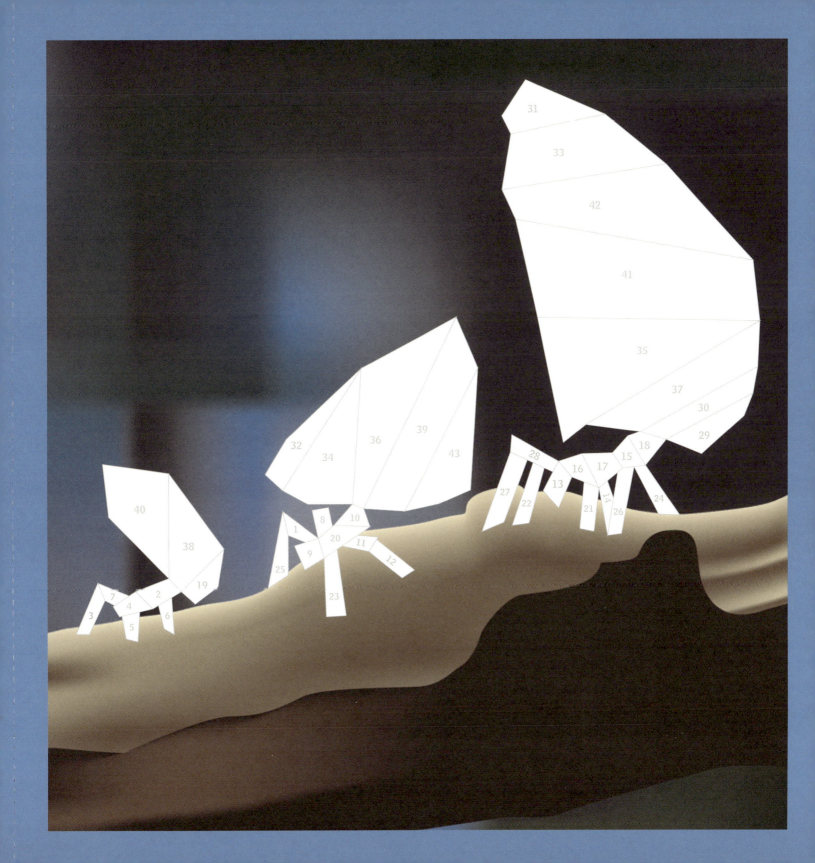

3

ハキリアリ

はっぱをきって すに はこぶ、めずらしいアリ。
きった はっぱをりようして、
すのなかで きのこを そだてているんだって!

4

テントウムシ

あざやかないろの からだに、
みずたまもようが にあってる。
えだのさきから ぱっと とびたつよ!

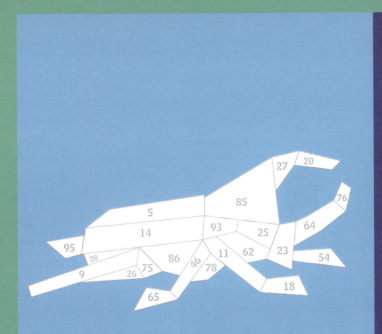
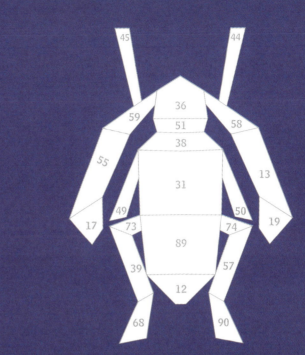
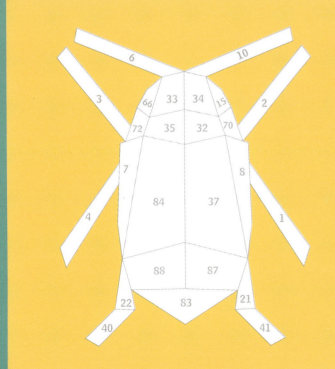
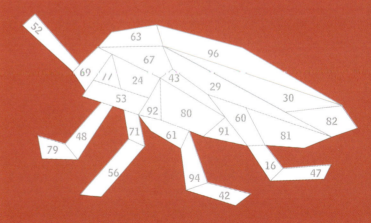

5

こうちゅうの なかま

カブトムシや コガネムシ……
かたいからだの もちぬしだ。むしのなかで
いちばんしゅるいが おおいよ。

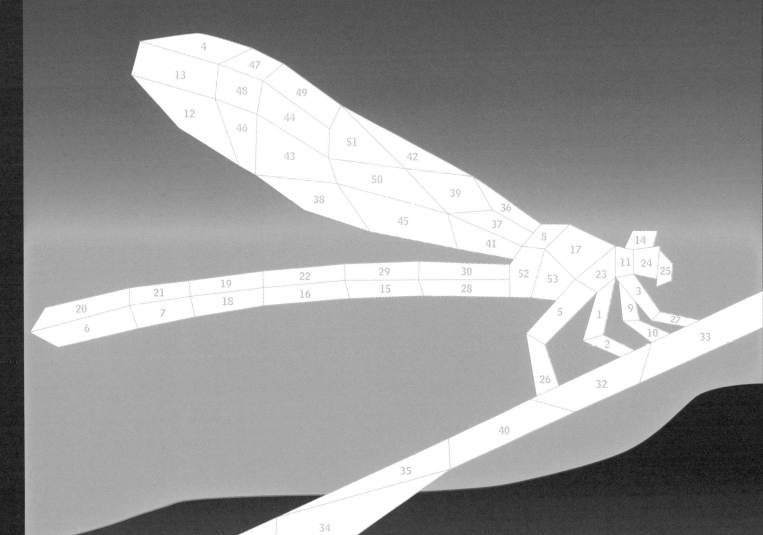

6

トンボ

ほそながいからだで、とぶのが とくい。
おおきなめは、とびながら
えさをみつけるのに やくだつよ。

7

ホタル

こうちゅうの なかまで、おしりを
ひからせる むしだ。きれいなみずが
あるところで みることができるよ。

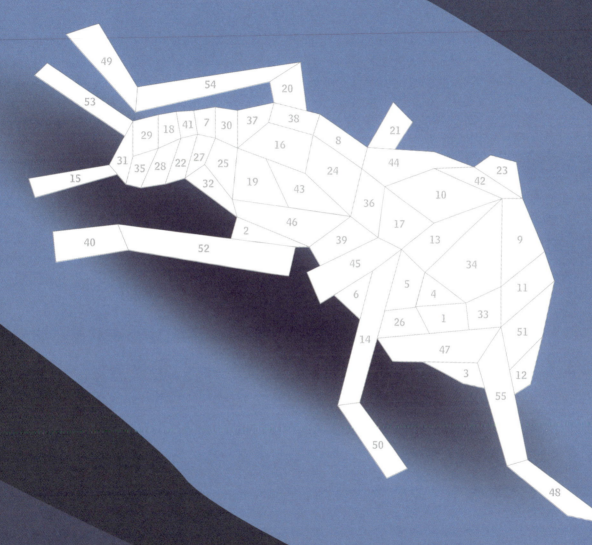

8

ゾウムシ

ぞうのはなのように ながくのびた
くちが とくちょう。こうちゅうの なかまで、
はっぱや はなをたべる ベジタリアンだ。

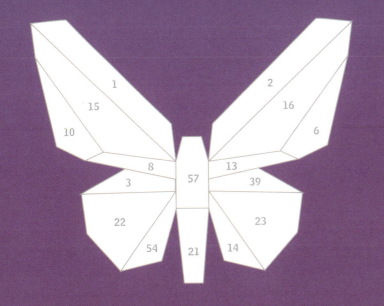

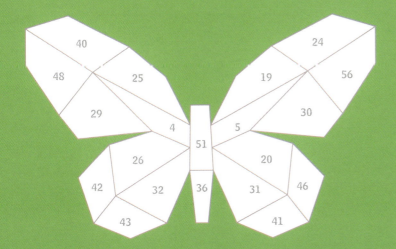
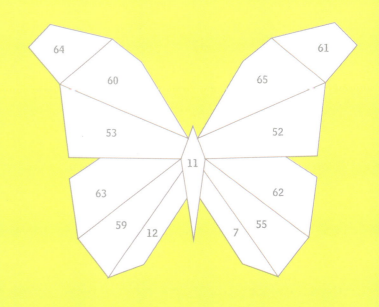

9

チョウの なかま

けむしや ようちゅうが おとなになった
すがた。うつくしいはねで ひらひらと
はなや きのまわりをとぶよ。

10

バッタ

はったつした うしろあしで、たかく とおくまで
ジャンプできる! メスのほうが、オスよりも
からだがおおきいことが おおいんだ。

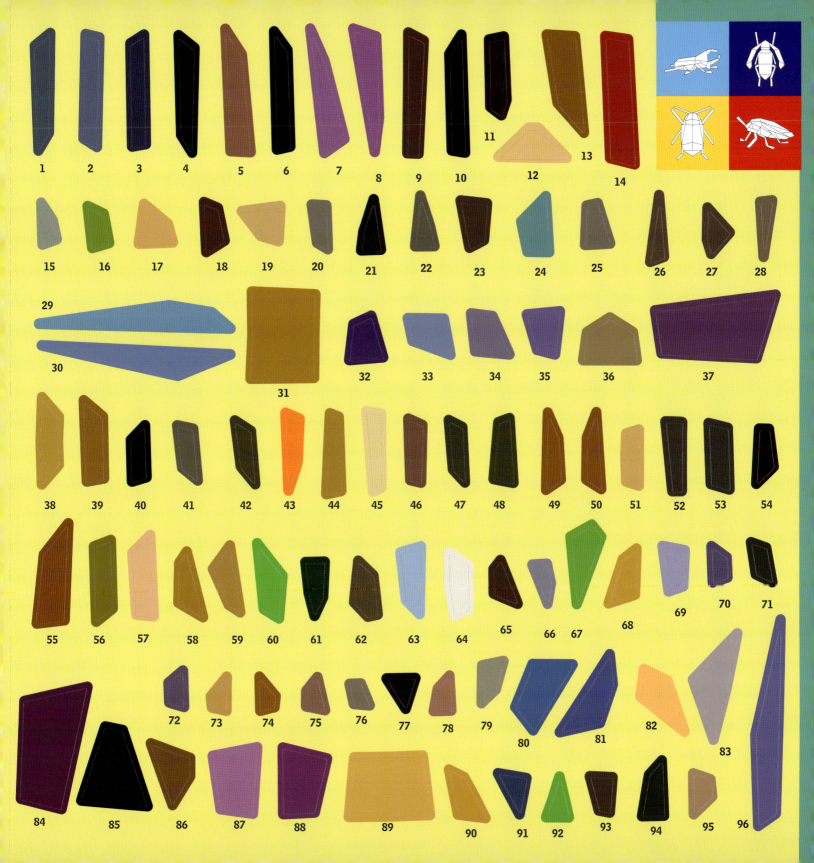

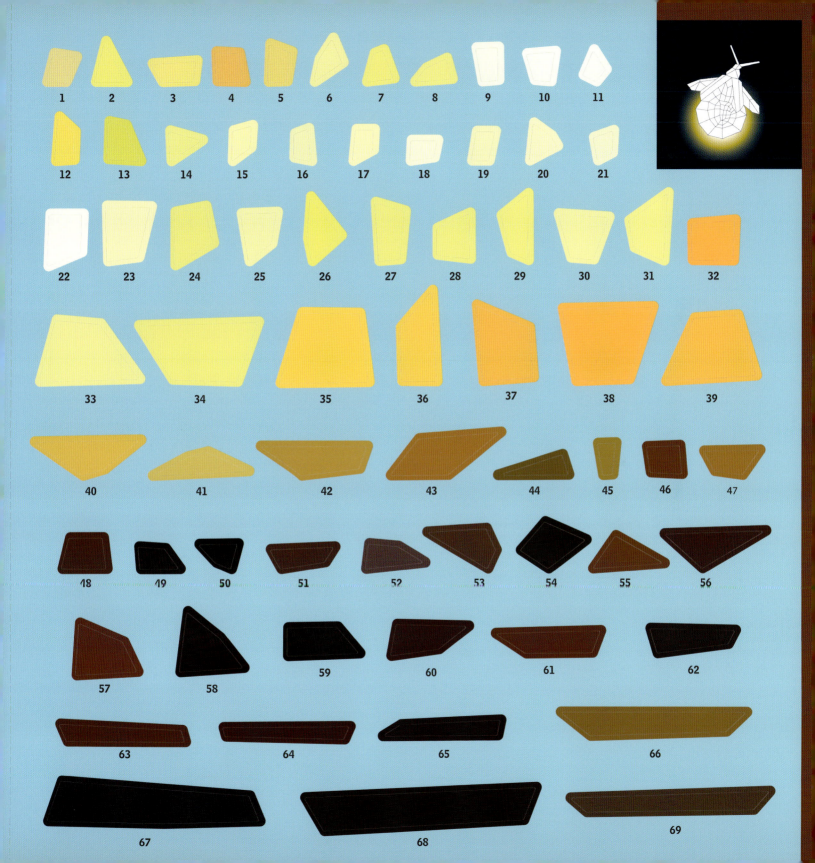